Celebramos que somos TÚ y YO

Muchas maneras de VESTIRSE

Christy Peterson

ediciones Lerner ◆ Mineápolis

¡En Sesame Street, celebramos a todos!

En esta serie, los lectores explorarán las diferentes maneras en las que comemos, nos vestimos, jugamos y más. Reconocer nuestras similitudes y diferencias les enseñará a los pequeños a estar orgullosos de sí mismos y a apreciar el mundo que los rodea. Juntos, podemos ser más inteligentes, más fuertes y más amables.

Saludos. Los editores de Sesame Workshop

Contenido

Elegir la ropa 4

Todos los tipos de ropa 6

¡Me da orgullo ser quien soy! 20

Glosario. 22
Más información . . 23
Índice 24

Elegir la ropa

Usamos ropa todos los días. Elegimos diferentes prendas por diversos motivos.

Todos los tipos de ropa

Si vamos a salir, nos vestimos según las condiciones climáticas. ¡Es posible que usemos un abrigo si hace frío o un sombrero para protegernos del sol si está soleado!

Las personas que juegan un deporte en equipos usan uniformes. Sus uniformes combinan.

De esa manera los jugadores saben quién está en su equipo.

Algunas veces nuestra ropa les cuenta a los demás sobre nuestra cultura y nuestras tradiciones.

El hanbok se usa en festivales y celebraciones.

Algunas veces las personas usan determinadas prendas por su religión. Estas prendas para cubrir la cabeza se llaman patka y turbante.

Estas prendas para cubrir la cabeza se llaman kipás.

Algunas personas usan siempre la kipá. Otras usan la kipá solo durante las oraciones.

Estas mujeres llevan prendas para cubrir la cabeza llamadas hiyabs. También usan vestidos largos llamados abayas. Los hiyabs y las abayas vienen de muchos colores.

¡Me da orgullo ser quien soy!

Toma una hoja de papel y algo con lo que dibujar, como crayones o lápices de colores. Dibújate usando tu vestimenta favorita.

Glosario

condiciones climáticas: las condiciones del tiempo en el exterior, incluida la temperatura y el viento

cultura: las creencias y la forma de vida compartidos por un grupo de personas

patka: una prenda para cubrir la cabeza que normalmente se usa antes de un turbante. Con frecuencia, las patkas se atan con un nudo.

religión: un sistema de creencias y tradiciones

uniforme: prendas usadas para desempeñar un trabajo específico o ropa combinada que usa un grupo

Más información

Bullard, Lisa. *Dress-Up Day: All Kinds of Clothes.* Mineápolis: Lerner Publications, 2022.

Cohan, Medeia. *Hats of Faith.* San Francisco: Chronicle Books, 2018.

Markovics, Pearl. *My Favorite Clothes.* Nueva York: Bearport, 2019.

Índice

abrigo, 6

hanbok, 12

hiyabs, 16

kipás, 15

uniformes, 8

Créditos por las fotografías

Créditos de las imágenes: BearFotos/Shutterstock.com, p. 4 (arriba); Anatoliy Karlyuk/Shutterstock.com, p. 4 (izquierda abajo); Westend61/Getty Images, p. 4 (derecha abajo); LWA/Dann Tardif/Getty Images, p. 6 (izquierda); Denis Kuvaev/Shutterstock.com, p. 6 (derecha); FatCamera/Getty Images, pp. 8-9; David Grossman/Alamy Stock Photo, p. 10; CraigRJD/Getty Images, p. 12; IndiaPix/IndiaPicture/Getty Images, p. 14; Sergio Mendoza Hochmann/Getty Images, p. 15; oneinchpunch/Shutterstock.com, p. 16; Ridofranz/Getty Images, p. 17; Ariel Skelley/DigitalVision/Getty Images, pp. 18-19; Inna Kirkorova/Shutterstock.com, p. 20.

Portada: David Grossman/Alamy Stock Photo; FatCamera/E+/Getty Images; Yobro10/Getty Images.

Traducción al español: TM and © 2026 Sesame Workshop.
Título original: *Many Ways to Dress*
Texto: TM and © 2023 Sesame Workshop.
La traducción al español fue realizada por Zab Translation.

Todos los derechos reservados. Protegido por las leyes internacionales de derecho de autor. Se prohíbe la reproducción, el almacenamiento en sistemas de recuperación de información y la transmisión de este libro, ya sea de manera total o parcial, por cualquier medio o procedimiento, ya sea electrónico, mecánico, de fotocopiado, de grabación o de otro tipo, sin la previa autorización por escrito de Lerner Publishing Group, Inc., exceptuando la inclusión de citas breves en una reseña con reconocimiento de la fuente.

ediciones Lerner
Una división de Lerner Publishing Group, Inc.
241 First Avenue North
Mineápolis, MN 55401, EE. UU.

Si desea averiguar acerca de niveles de lectura y para obtener más información, favor consultar este título en www.lernerbooks.com.

Fuente del texto del cuerpo principal: Mikado. Fuente proporcionada por HVD.

Library of Congress Cataloging-in-Publication Data

Names: Peterson, Christy, author.
Title: Muchas maneras de vestirse / Christy Peterson.
Other titles: Many ways to dress. Spanish
Description: Mineápolis : ediciones Lerner, 2025. | Series: Celebramos que somos tú y yo con Sesame Street | Includes bibliographical references and index. | Audience: Ages 4-8 | Audience: Grades K-1 | Summary: "There are many ways to dress! Join your friends from Sesame Street to learn about the clothes we wear. Now in Spanish!"—Provided by publisher.
Identifiers: LCCN 2024050338 (print) | LCCN 2024050339 (ebook) | ISBN 9798765668184 (library binding) | ISBN 9798765683392 (paperback) | ISBN 9798765674215 (epub)
Subjects: LCSH: Clothing and dress—Juvenile literature.
Classification: LCC GT518 .P4718 2025 (print) | LCC GT518 (ebook) | DDC 391—dc23/eng/20241202

LC record available at https://lccn.loc.gov/2024050338
LC ebook record available at https://lccn.loc.gov/2024050339

Fabricado en los Estados Unidos de América
1-1011891-53751-1/17/2025